Herzliche Glückwünsche zur Hochzeit

Ganz viel Glück

Ich binde euch
einen Hochzeitsstrauß
aus kleinen und großen Freuden,
aus schönen Erlebnissen,
liebevollen Worten und
froher Zuversicht,
aus bunten Träumen,
stillen Sternstunden
und ganz viel Glück.

Irmgard Erath

DIE *Liebe* ALLEIN
VERSTEHT DAS GEHEIMNIS,
ANDERE ZU BESCHENKEN
UND DABEI SELBST
REICH ZU WERDEN.

Clemens Brentano

Engel
ZUR HOCHZEIT

Zur Hochzeit
wünsche ich euch
eine Schar Engel:
Einen, der euren Weg begleitet,
einen, der eure Liebe behütet,
einen, der eure Treue bewahrt.

Einen, der Sorgen von
euch fernhält,
einen, der euer Glück schützt,
einen, der euch voller Hoffnung
in eure gemeinsame Zukunft
blicken lässt.

Gisela Baltes

Kraft DER LIEBE

Die Liebe ist jene Kraft,
die den Menschen über sein
Ich hinausträgt – hin zum Du.
Sie ist die größte und zugleich
zärtlichste Macht der Welt.
Euer Ja zueinander ist
der schönste Beweis dafür.

Irmgard Erath

LIEBE VERDOPPELT
DIE KRÄFTE;
SIE MACHT HEITER UND
ERFINDERISCH,
MACHT INNERLICH
HELL UND FROH.

Engelmar Unzeitig

Abenteuerlich

Die Liebe ist wie
das Leben selbst,
kein bequemer und
ruhiger Zustand,
sondern ein großes,
ein wunderbares
Abenteuer.

Gabriel Marcel